Gerlinde Auenhammer · Marion Dawidowski

Mit Liebe schenken
Weihnachtsengel

Himmlische Dekoideen

christophorus

Inhalt

- 6 Flaschenengel
- 8 Engelskarte
- 10 Zarte Engel
- 12 Christbaumkugelengel
- 13 Holzengel
- 14 Kantenhockerengel
- 16 Rezept: Nuss-Sahne-Törtchen mit Engel
- 18 Filzkugelengel
- 19 Lesezeichen
- 20 Engelkissen
- 22 Vasenengel
- 24 Reisigengel
- 25 Faltschnittengel
- 26 Drahtengel
- 28 Daumenkino
- 30 Stoffengel
- 32 Zapfenengel
- 34 Kantholz- und Baumstammengel
- 36 Stehende Spitzenengel
- 38 Gestickte Karten
- 40 Rezept: Engelsflügel mit Anis
- 42 Fliegende Engel
- 44 Astscheibenengel
- 45 Papierspitzenengel
- 46 Lichterengel
- 48 Rezept: Cupcakes-Engel
- 50 Engelsgirlande
- 52 Tütenengel
- 54 Alublechengel
- 56 Vorlagen
- 62 Impressum

Liebe Leserin, lieber Leser,

Weihnachten ohne Engel ist kaum vorstellbar, denn sie gehören ebenso zum Fest wie Christkind und Nikolaus. Die himmlischen Boten bezaubern durch ihre zarten Flügel und ihr sanftes Schweben. Gerade in der dunklen Jahreszeit eignen sich Engelmotive besonders gut dazu, unser Heim zu schmücken oder als Geschenk einen lieben Menschen zu beglücken.

Entdecken Sie in diesem Ideenbuch ihre erstaunliche Vielfalt: Engel dienen hier als Christbaumschmuck und Girlande, sie schmücken Weihnachtskarten, Lesezeichen und sind Wohnraum-Deko. Dabei kommen die unterschiedlichsten Materialien und Techniken zum Einsatz: Aus Holz, Papier, Alublech, Stoff, Wolle und Filz entstehen zarte, freche oder rustikale Begleiter; sie werden gesägt, genäht, gestrickt, gestickt und bemalt.

Rezeptideen, einfühlsame Bilder und Engelsgedichte vollenden dieses Buch und sollen Sie durch die Vorweihnachtszeit begleiten.

Wir wünschen Ihnen viele besinnliche und kreative Stunden!

Gerlinde Auenhammer

M. Davidowski

Flaschen engel

*Man muss nicht erst an Wunder glauben,
um die Engel zu verstehn.
Such sie nicht mit deinen Augen,
nur die Seele kann sie sehn.*

*Spür die Nähe ihrer Flügel,
denn sie wärmen deine Haut,
jedem Menschen hier auf Erden
ist ein Engel anvertraut.*

Unbekannt

MATERIAL
für 1 Modell:
- kleine Glasflasche
- Tonkarton in Gold, geprägt
- Maulbeerbaum-Papier in Weiß
- Goldkordel, ø 0,8 mm

HILFSMITTEL
- Lochzange
- Bastelkleber

VORLAGE 1, Seite 56

Aus Tonkarton einen Streifen von 4 cm Breite und in Länge des Flaschenumfangs plus 1 cm zuschneiden. Die Flügel laut Vorlage aus dem Maulbeerbaum-Papier ausschneiden.

Die Flügel nebeneinander mittig auf den Streifen Tonkarton kleben. Mit der Lochzange die Löcher laut Vorlage stanzen. Die Goldkordel durchziehen und zur Schleife binden.

Den Tonkartonstreifen zum Ring kleben und über den Flaschenhals stülpen.

Tipp

Die Flaschenengel können als Vase für einzelne Blüten oder als Kerzenhalter dienen.

Engelskarte

Die Faltkarte laut Vorlage 2a einschneiden und den Steg entsprechend der Markierung nach vorne falten.

Aus Tonpapier ein 12 x 19 cm großes Stück zuschneiden, auf 6 x 19 cm falten, die Karte in den Knick legen und das Tonpapier fixieren. 2 weitere Felder laut Schemazeichnung 2c und Foto anfertigen und aufkleben.

2 Flügelteile (Teilvorlage 2b) aus Maulbeerbaum-Papier schneiden und auf der Karte platzieren. Einen Kringel aus Silberdraht formen und zusammen mit einer kleinen Schleife aus Satinband aufkleben.

Den Engel laut Vorlage 2b aus den Papieren arbeiten. Aus Silberdraht einen Kreis formen und am Kopf fixieren. Den Engel im Innenteil der Karte an dem aufgestellten Steg fixieren, dabei darauf achten, dass er beim Zusammenfalten der Karte neben dem Knick liegt.

Aus Tonpapier ein Einlegeblatt zuschneiden, einen Flügel (Teilvorlage 2b) herausschneiden und das Einlegeblatt fixieren. Ein Satinband um den Kartenfalz binden.

MATERIAL
- Faltkarte DIN A6 lang in Dunkelrot
- Tonpapier in Chamois
- Tonkarton in Rot und gemustert
- Maulbeerbaum-Papier in Weiß
- Silberdraht, ø 0,3 mm
- Satinband in Gelb, 4 mm breit, ca. 60 cm

VORLAGEN 2a und b, SCHEMAZEICHNUNG 2c, Seite 56

Wer Engel sucht in dieses Lebens Gründen,

der findet nie, was ihm genügt.

Wer Menschen sucht, der wird den Engel finden,

der sich an seine Seele schmiegt.

CHRISTOPH AUGUST TIEDGE

Zarte Engel

MATERIAL
- Transparentpapier mit Weihnachtsmotiv in Weiß
- Maulbeerbaum-Papier in Weiß
- Holzkugeln, ø 2 cm
- Nähgarn in Silber
- Silberkordel, ø 0,8 mm
- Astscheibe, ca. ø 5 cm
- Holzstäbchen, ca. ø 3 mm

HILFSMITTEL
- Alleskleber
- Schere
- Nähnadel
- Nagelbohrer
- Cutter mit Unterlage

VORLAGE 3, Seite 57

Für jeden Engel das Transparentpapier auf 18 x 21 cm zuschneiden und von der Längsseite aus zur Ziehharmonika falten (Faltenbreite 1,5 cm), dabei entstehen 6 Bergfalten. Für die Arme des Engels die Talfalte zwischen der dritten und der vierten Bergfalte von einer Seite aus 8 cm einscheiden und zu beiden Seiten herunterfalten.

Mit der Nähnadel 0,5 cm unterhalb der Faltstelle durch alle Papierschichten stechen, einen langen Faden durchziehen und verknoten. Die Enden zusammennehmen, eine Holzkugel (Kopf) auffädeln und die Garnenden zur Aufhängeschlaufe knoten.

Ein Stück Silberkordel als Kranz um den Kopf kleben. Die Flügel gemäß Vorlage aus Maulbeerbaum-Papier schneiden und am Rücken fixieren.

Für den stehenden Engel die Holzkugel mit Kleber am Körper befestigen. Die Astscheibe in der Mitte vorbohren und ein Holzstäbchen einkleben. Das andere Ende etwas kürzen und mit dem Cutter etwa 2 cm weit aufspalten. Den Engel mit dem Kleid in den Spalt schieben.

Christbaumkugel engel

MATERIAL
für 1 Engel:
- Christbaumkugel aus Kunststoff, ø 4 cm
- 1 Zwei-Loch-Knopf, ø 12 mm
- 4 Marabu-Federn in Weiß, 8–12 cm lang
- Silberkordel, ø 0,8 mm

HILFSMITTEL
- Heißkleber

2 Federn jeweils mit der Kielspitze in ein Knopfloch kleben, auf der Rückseite bündig abschneiden. Den Knopf gegenüber der Aufhängeöse an die Christbaumkugel kleben.

2 Federn als Arme quer am Knopf fixieren. An die Öse ein Stück Kordel zum Aufhängen anknoten.

Holz engel

MATERIAL
- Ast, ca. ø 5 cm, 22 cm lang
- Metallflügel in Silber, ca. 16 cm hoch
- Wattekugel, ø 4 cm
- ca. 10 Silberperlen, ø 5 mm
- Silberdraht, ø 0,3 mm
- Bastelfarbe in Silber
- Aludraht in Silber, ø 3 mm, 4 cm
- 4 Nägel, 2 x 20 mm

HILFSMITTEL
- Bohrer, ø 3 mm
- Bohrmaschine oder Handbohrer
- Hammer

Die Wattekugel mit der Bastelfarbe bemalen und trocknen lassen.

Den Ast an einer Stirnseite mittig vorbohren und das Stück Aludraht einkleben. Die Wattekugel als Kopf aufstecken.

Die Laschen der Flügel durchbohren und gemäß Foto am Ast mit den Nägeln befestigen.

Einige Perlen auf ein ausreichend langes Stück Draht fädeln, als Kranz um den Kopf legen und die Enden miteinander verdrehen.

Tipp

Die Wattekugeln zum Bemalen auf einen Bastelspieß stecken und diesen in ein hohes Glas oder einen Blumentopf zum Trocknen stecken.

Kantenhocker engel

Den Engel laut Vorlage auf das Sperrholz aufzeichnen, aussägen und die Kanten glätten. Die Löcher für Arme und Beine mit ø 2 mm, für den Kopf mit ø 1,5 mm bohren. Die Juteschnur für Arme (18 cm) und Beine (22 cm) mit Hilfe der Nähnadel von hinten nach vorne durch die Löcher ziehen. Die kleinen Holzperlen auf die Arme, die größeren auf die Beine fädeln und mit einem Knoten fixieren. Das Gesicht mit feinem Filzstift aufzeichnen. Die Wangen mit einem kleinen Schwamm röten.

Um das Kleidchen zu stricken, 15 Maschen anschlagen. 1. Reihe (Hinreihe): 1 Randmasche, * 1 Masche rechts, 1 Masche links, ab * 7-mal wiederholen, 1 Randmasche. 2. Reihe (Rückreihe): Die Maschen stricken, wie sie erscheinen. 3.–15. Reihe: Die 1. und 2. Reihe stets wiederholen. 16. Reihe: Die mittleren 5 Maschen abketten. Alle anderen Maschen stricken, wie sie erscheinen. 17. Reihe: 5 Maschen stricken, wie sie erscheinen, 5 verkreuzte Schlingen auf die Nadel nehmen, 5 Maschen stricken, wie sie erscheinen. Weitere 15 Reihen im Muster stricken, dann alle Maschen abketten und die Fäden vernähen.

Dem Engel das Kleidchen überziehen und an der Taille mit einer Juteschleife festbinden. Aus Bast oder Juteschnur ein Haarbündel mit 6 cm Länge in der Mitte mit Wickeldraht abbinden, den Draht verdrehen und in das vorgebohrte Loch stecken. Den Aludraht in der Mitte abknicken und die beiden Enden bis auf 3 cm spiralförmig eindrehen. Die Flügel hinten in das Kleidchen stecken.

MATERIAL
für 1 Engel:
- Sperrholz, 1 cm stark, 4 x 8 cm
- Juteschur
- je 2 Holzperlen in Natur, ø 8 mm und ø 10 mm
- Bastrest in Braun und Natur
- Aludraht, ø 1 mm, 30 cm
- Bindedraht, ø 0,65 mm
- Acrylfarbe in Rot
- feiner schwarzer Filzstift
- Wollrest (100 % Baumwolle) für Nadelstärke 2,5–3 mm

HILFSMITTEL
- Dekupiersäge
- Zange
- Schleifpapier
- Bohrer, ø 1,5 mm und ø 2 mm
- Stricknadeln Nr. 4 mm
- dicke Nähnadel
- kleiner Schwamm

VORLAGE 4, Seite 56

Nuss-Sahne-Törtchen mit Engel

Ergibt etwa 6 Stück.

FÜR DAS BACKBLECH
- etwas Fett
- Backpapier
- Backrahmen

FÜR DIE DESSERTRINGE (ø 7,5 cm)

Biskuitteig:
- 3 Eier (Größe M)
- 75 g Zucker
- 1 Pck. Dr. Oetker Bourbon Vanille-Zucker
- 1 Pr. Salz
- 100 g Weizenmehl
- 1 gestr. TL Dr. Oetker Original Backin

Nuss-Sahne-Füllung:
- 100 g gehackte Walnüsse oder Mandeln
- 50 g Zartbitterschokolade
- 500 g kalte Schlagsahne
- 2 Btl. Dr. Oetker Gelatine fix (je 15 g)
- 1 Pck. Dr. Oetker Bourbon Vanille-Zucker
- etwa 1 EL Zucker

ZUM VERZIEREN
- 2 gestr. EL Puderzucker
- 100 g Dr. Oetker Feine Marzipan-Rohmasse
- 6 halbierte Walnüsse oder ganze Mandeln
- Schokoladentäfelchen (Zartbitter)

Vorbereiten: Backblech fetten und mit Backpapier belegen. Backrahmen (30 x 25 cm) daraufstellen. Backofen vorheizen: Ober-/Unterhitze: etwa 200 °C, Heißluft: etwa 180 °C.

Biskuitteig: Eier in einer Rührschüssel mit einem Mixer (Rührstäbe) auf höchster Stufe 1 Min. schaumig schlagen. Mit Vanille-Zucker gemischten Zucker und Salz unter Rühren in 1 Min. einstreuen und die Masse weitere 2 Min. schlagen. Mehl mit Backin mischen und kurz auf niedrigster Stufe unterrühren. Teig auf dem Blech glatt streichen und backen: mittlerer Einschub, Backzeit: etwa 10 Min.
Backrahmen vorsichtig lösen und entfernen. Die Biskuitplatte auf ein mit Zucker bestreutes Backpapier stürzen und mit dem Papier erkalten lassen. Dann erst das Papier abziehen. Mit den Dessertringen 12 Kreise aus der Gebäckplatte ausstechen, Kreise lösen und evtl. die obere Gebäckschicht entfernen. Die Dessertringe auf eine mit Backpapier belegte Platte stellen und je 1 Kreis hineinlegen (6 Stück werden später benötigt).

Nuss-Sahne-Füllung: Gehackte Walnüsse oder Mandeln in einer beschichteten Pfanne ohne Fett bräunen und auf einem Teller erkalten lassen. Schokolade grob zerkleinern und im Wasserbad bei schwacher Hitze schmelzen. Mit Hilfe eines Teelöffels etwa die Hälfte der geschmolzenen Schokolade auf die Böden in den Dessertringen sprenkeln. Sahne mit einem Mixer (Rührstäbe) kurz aufschlagen. Gelatine fix unter ständigem Rühren einstreuen und die Sahne steif schlagen. Vanille-Zucker und Zucker unterrühren. Gut die Hälfte der gerösteten Walnüsse oder Mandeln kurz unterheben. Die Sahne in einen großen Gefrierbeutel geben, diesen gut verschließen und eine Ecke abschneiden. Die Hälfte der Sahne auf die Böden spritzen, den zweiten Boden auflegen und mit der übrigen Schokolade besprenkeln. Die übrige Sahne einfüllen, glatt streichen und mindestens 1 Std. in den Kühlschrank stellen.

Verzieren: Puderzucker sieben, mit der Marzipan-Rohmasse verkneten und in 6 gleich große Stücke teilen. Diese zu Kugeln formen und zwischen einem aufgeschnittenen Gefrierbeutel zu Kreisen (ø 7,5 cm) flach drücken oder ausrollen. Die Marzipan-Kreise auf die Törtchen legen. Die Törtchen mit einem spitzen Messer lösen, von unten aus den Ringen drücken und in den übrigen gebräunten Nüssen oder Mandeln wälzen. Mithilfe einer Modellierform formen Sie aus mit Puderzucker und Kakao verknetetem Marzipan kleine Engel und setzen diese dekorativ auf die Törtchen.

Törtchen nach Wunsch in Papierbackförmchen gesetzt auf eine Tortenplatte geben und mit den Walnusshälften oder Mandeln und Schokoladentäfelchen dekorativ belegen.

Filzkugel engel

Um die Filzkugel herzustellen, eine Handvoll Wolle mit der Filznadel auf der Styroporunterlage vorfilzen, dabei das Knäuel immer wieder etwas drehen, um eine runde Form zu bekommen. Wenn die Wollfasern gut zusammenhängen, die Kugel in die warme Seifenlauge tauchen und zwischen den Händen rollen. Hierbei erst mit ganz wenig Druck vorgehen, nach und nach etwas mehr. Ist die Filzkugel schön fest, wird sie in klarem Wasser ausgewaschen. Dann trocknen lassen.

Die Astscheiben laut Vorlagen 5a und 5b zuschneiden. Die Löcher für Körper, Flügel und Hals mit ø 2 mm bohren. Vom Draht 3,5 cm abzwicken und quer durch den Körper stecken. Die Enden beidseitig mit einer Zange zum rechten Winkel biegen. Die Flügel unter Zugabe von Holzleim aufstecken. Ein 2,5 cm langes Drahtstück in die Bohrung am Hals stecken. Die Filzkugel mit einer dicken Nadel vorstechen und aufkleben. Den Aludraht um einen dicken Stift zu einem Ring biegen, dann 1 cm Draht überstehen lassen und das Drahtende hinten in die Filzkugel stecken. Das Stoffstück laut Vorlage 5c zuschneiden und mit Leim aufkleben. Dem Engel eine Schleife aus Karoband und einen Nylonfaden zum Aufhängen umbinden.

MATERIAL
je Engel:
- 1 Astscheibe, 1,5 cm stark, ø 6,5 cm
- 2 Astscheiben, 0,7 cm stark, ø 3,5 cm
- Filzwolle in Natur
- Karoband in Rot oder Hellblau, 6 mm breit, 25 cm
- Aludraht, ø 1 mm
- Stoffreste in Rot oder Hellblau
- Draht, ø 2 mm
- Nylonfaden

HILFSMITTEL
- Dekupiersäge
- Bohrer, ø 2 mm
- Zange
- Schere
- Holzleim
- dicke Nadel
- Antirutschmatte, Filznadel, Styropor, warme Seifenlauge zum Filzen

VORLAGE 5a–c, Seite 58

Lese zeichen

MATERIAL
- Tonkarton gemustert
- Tonpapier in verschiedenen Farben
- Bastelfilz in verschiedenen Farben
- Gelstift in Weiß

HILFSMITTEL
- Sternen-Motivstanzer, 10–15 mm
- Bastelkleber

VORLAGEN 6a–b, Seite 60

Den gemusterten Tonkarton laut Vorlage 6a zuschneiden. Die Motivteile für den Engel laut Vorlage 6b aus Filz zuschneiden und auf den Tonkarton aufkleben.

Mit dem Gelstift Pünktchen auf den Rock des Engels malen. Einige ausgestanzte Sterne platzieren.

Engel kissen

Abends wenn ich schlafen geh,

Vierzehn Engel bei mir stehn,

Zwei zu meiner Rechten,

Zwei zu meiner Linken,

Zwei zu meinen Häupten,

Zwei zu meinen Füßen,

Zwei die mich decken,

Zwei die mich wecken,

Zwei die mich weisen,

In das himmlische Paradieschen.

Achim von Arnim

MATERIAL
für 1 Kissen:
- Baumwollstoff in Rot gemustert, 2-mal 15 x 15 cm
- Baumwollstoff in Naturweiß, 7,5 x 7,5 cm
- Stickgarn in Silber, Gelb, Rot und Schwarz
- Nähgarn in Rot
- Füllwatte

HILFSMITTEL
- Nähmaschine

VORLAGE 7, Seite 58

Den Engel laut Vorlage auf den hellen Baumwollstoff übertragen. Den Flügel und das Kleid mit je 2 Fäden Stickgarn in einfacher Nadelmalerei arbeiten (die Stiche sehen wie eine Nähmaschinennaht aus), das Gesicht mit nur 1 Faden sticken.

Für die Frisur 3 Stücke vom gelben Stickgarn schneiden, mit einem Faden derselben Farbe zusammenknoten und die Enden durch den Stoff zur Rückseite ziehen.

Das Stoffstück mit dem Engel mittig auf eines der 15 x 15 cm Stoffteile nähen. Die Stoffteile rechts auf rechts legen und bis auf eine Wendeöffnung zusammennähen. Das Kissen auf rechts wenden, mit Füllwatte stopfen und die Öffnung von Hand zunähen.

Vasen engel

MATERIAL
- 2 konische Glasvasen, 25 cm und 34 cm hoch
- Eisendraht, ø 2 mm, 5 m lang
- Weihnachtskugeln aus Kunststoff, ø 10 cm und ø 12 cm
- 1 Metallputzschwamm
- Filzwolle in Rot
- 80 Perlen in Silber, ø 8 mm
- Äste, ø 1 cm und ø 2 cm
- Haselnüsse
- Lärchenzapfen
- 2 Aststücke, 20 und 25 cm lang, Stärke entsprechend dem Loch in den Weihnachtskugeln

HILFSMITTEL
- Zange
- Dekupiersäge
- Heißklebepistole

Geduld

Es zieht ein stiller Engel
durch dieses Erdenland,
zum Trost für Erdenmängel
hat ihn der Herr gesandt.
In seinem Blick ist Frieden
und milde, sanfte Huld.
O folg ihm stets hienieden,
dem Engel der Geduld!

PHILIPP SPITTA

Den Eisendraht in 2 Teile von 230 cm Länge für den kleinen Engel und 270 cm Länge für den großen Engel teilen. Den Draht in der Mitte abknicken und von beiden Enden aus spiralförmig eindrehen. Die jeweils letzten ca. 20 cm am Drahtende nicht eindrehen, sondern gerade lassen (diese werden später in die Vase gesteckt).

Aus den Ästen Stücke von 0,5 cm und 1 cm Länge absägen. Den Metallputzschwamm auseinanderziehen. Die Vasen mit den verschiedenen Materialien, wie Zapfen, kleine Aststücke, Haselnüsse, Filzwolle und Metallputzschwamm befüllen.

Ist die Hälfte der Vase gefüllt, die Drahtflügel und die langen Aststücke für die Kugelbefestigung einstecken. Die Aststücke sollen ca. 5 cm über dann Rand stehen. Anschließend die Vasen bis oben hin befüllen, zuletzt Filzwolle einlegen. Die Weihnachtskugeln auf die Äste stecken und mit Heißkleber fixieren. Auf Wickeldraht je ca. 40 Silberperlen fädeln, zu einem Kränzchen verbinden und mit Heißkleber am Kopf fixieren.

Reisigengel

MATERIAL
- Pinienzapfen
- Haselruten, ø 1–1,5 cm, 55 cm bzw. 70 cm
- Bindedraht in Silber, ø 0,8 mm
- Baumwollspitze in Wollweiß, 3 cm breit

HILFSMITTEL
- Holzleim
- Heißkleber
- Schere
- Gartenschere
- Zange

Die Haselruten auf 55 cm (kleiner Engel) und 70 cm (großer Engel) Länge schneiden. Etwa 50 Ruten zusammenfassen und 4 cm unterhalb der Spitzen mit Draht fest zusammenbinden. Einen Pinienzapfen als Kopf aufkleben.

Für die Flügel jeweils 2 Haselruten der Abbildung entsprechend vorsichtig umbiegen und die Spitzen und Enden zusammenbinden. Die Flügel mit Draht und Heißkleber auf der Rückseite des Körpers befestigen. Jeweils ein Stück Baumwollspitze um den Hals der Engel kleben.

Faltschnitt
engel

MATERIAL
- Tonpapier in Weiß, Grün und Blau

HILFSMITTEL
- Lochzange
- ggf. Klammerhefter

VORLAGE 12, Seite 59

Das Tonpapier in 9 x 30 cm große Streifen schneiden. Die Streifen 5,5 cm breit abwechselnd nach vorne und hinten zur Ziehharmonika falten.

Den Engel laut Vorlage auf das gefaltete Papier übertragen und ausschneiden. Damit die Papierlagen beim Schneiden nicht verrutschen, ist es hilfreich, diese dicht neben dem Motiv mit einem Klammerhefter zu fixieren.

Mit der Lochzange Muster laut Foto in die Kleider der Engel stanzen.

Tipp

Die Girlanden können um Windlichter herumgeklebt, zu mehreren nebeneinander am Fenster angebracht werden oder auch ein verpacktes Geschenk verzieren.

Draht engel

MATERIAL
für 1 Engel:
· Aludraht in Silber, ø 2 mm, ca. 70 cm
· Astabschnitt, ca. ø 3 cm, 3 cm lang

HILFSMITTEL
· Zange
· Handbohrer, ø 2 mm
· Seitenschneider

VORLAGE 8, Seite 58

Den Aludraht laut Vorlage zu einem Engel biegen. Mit dem Handbohrer ein Loch in die Mitte eines Astabschnittes bohren.

Den langen Stiel des Drahtengels in die Bohrung stecken.

Der Baum des Friedens

Ich weiß, im Dunkel steht ein Baum
mit Kerzen übervoll besteckt.
Manchmal in einem schönen Traum
ein Engel sie zum Leuchten weckt.

Der ganzen Erde Menschen seh'
ich stehen unter seinem Grün,
aus ihren Herzen will kein Weh',
will nur verklärte Freude blüh'n.

Kein Kampf und Sieg ist unter ihm,
nicht eine einzige Stimme flucht,
indes ein gold'ner Cherubim
in seinen Zweigen Früchte sucht.

Es steigt der Engel Tag und Nacht
hinauf, hinab und will nicht ruh'n,
und legt der süßen Früchte Fracht
den Menschen in die off'nen Truh'n.

Alfons Petzold

Daumenkino

MATERIAL
- Tonkarton in Weiß und Rot
- Tonpapier in Gelb und Gold
- Filzstift in Schwarz
- Buntstifte

HILFSMITTEL
- Bastelkleber
- Sternen-Motivstanzer, 10–15 mm

VORLAGEN 9a–d, Seite 59

Aus dem weißen Tonkarton 9 Karten mit den Maßen 9 x 12 cm zuschneiden.

Die Engel laut Vorlagen 9a–c in angegebener Reihenfolge auf die Karten übertragen. Dabei den ersten Engel 1 cm von der Unterkante und 4,5 cm vom rechten Rand entfernt aufmalen. Alle weiteren Engel stets ein Stück weiter nach oben und rechts übertragen, bis der letzte Engel in der oberen rechten Ecke schwebt.

Anschließend die Wolke laut Vorlage 9d mit blauem Buntstift aufzeichnen, diese wandert von oben rechts (1. Blatt) nach unten fast bis in die linke Ecke (Blatt 9). Die Engel mit Buntstiften ausmalen.

Alle Karten an der linken Kante knappkantig aufeinanderkleben. Damit sich das Daumenkino gut blättern lässt, müssen alle Karten am rechten Rand genau bündig liegen. Aus rotem Tonkarton den Umschlag in der Größe 9 x 17,5 cm zuschneiden. Den Kartenstapel am rechten Rand bündig aufkleben und den Überstand zur Vorderseite umschlagen. Die Vorderseite mit ausgestanzten Sternen verzieren.

Doch die Existenz der Engel,
Die bezweifelte ich nie:
Lichtgeschöpfe sonder Mängel,
Hier auf Erden wandeln sie.

HEINRICH HEINE

Stoff engel

MATERIAL
für 1 Engel:
- Baumwollstoff in Cremeweiß mit Sternen, 4 x 14 cm
- Baumwollstoff gemustert, 10 x 22 cm
- Bastelfilz in Pink oder Rot
- 1 Holzkugel, ø 25 mm
- Satinband in Weiß, 4 mm breit, ca. 55 cm
- Rest Füllwatte
- Nähgarn in Weiß

HILFSMITTEL
- Zackenschere für Stoff
- Nähmaschine

VORLAGEN 10a–c, Seite 58

Engel umschweben uns

Engel umschweben uns,
Wo wir auch gehn,
Engel umgeben uns,
Wie wir uns drehn.

Doch wir erkennen sie
Nicht in dem Licht,
Und zu benennen sie
Wissen wir nicht.

Selber zu blenden uns
Scheinet der Glanz,
Wir von ihm wenden uns
Halb oder ganz.

Aber nun haben wir
Engel ein Paar,
Denen ja gaben wir
Namen fürwahr.

Die Flügel laut Vorlage 4-mal (davon 2-mal gegengleich) aus dem weißen Stoff mit Sternen zuschneiden. Je 2 Zuschnitte links auf links legen und knappkantig zusammennähen.

Das Kleid mit der Zackenschere laut Vorlage aus dem gemusterten Stoff zuschneiden und links auf links legen. Von dem Satinband 26 cm für die Schlaufe, 13 cm für die Arme und 15 cm für die Beine abschneiden und laut Vorlage zwischen die Stoffteile legen, ebenso die Flügel zwischenfassen. Ringsum bis auf eine Füllöffnung zusammennähen.

Das Kleid locker mit Füllwatte stopfen und die Öffnung von Hand zunähen. Die Enden der Satinbänder jeweils einzeln verknoten. Die Holzkugel auf die Schlaufe fädeln und diese mithilfe einer Stopfnadel mittig durch den Filzstern ziehen.

Und nicht vergaßen wir:
Wirklich einmal
Selber besaßen wir
Leiblich den Strahl.

Sollten wir wenden uns
Ab von dem Glanz?
Sollten verblenden uns
Halb oder ganz?

Nein, wir erkennen euch
Freudig im Licht,
Und zu benennen euch
Zweifeln wir nicht.

Lächelnd ihr gebet uns,
Wohl zu verstehn,
Dass ihr umschwebet uns
Wo wir auch gehn.

Friedrich Rückert

Zapfen engel

MATERIAL
für beide Modelle:
- Pinienzapfen
- Strohseide in Weiß
- Transparentpapier in Weiß
- Marabu-Federn in Weiß

Engel:
- dünner, feiner Reisig
- Christbaumkugel in Gold, ø 4 cm

Kerzenhalter:
- Christbaumkerzenhalter in Gold
- Nagel
- Christbaumkerze in Weiß

HILFSMITTEL
- Bohrer, ø 2,5 mm
- Zange
- Heißklebepistole

VORLAGE 11, Seite 59

Mit einer Zange jeweils die obere Schuppenspitze der Pinienzapfen vorsichtig herausbrechen.

Für die Engel jeweils eine Christbaumkugel als Kopf auf einen Zapfen kleben, eventuell vorher die Aufhänge-Öse der Kugel entfernen. Aus dem Reisig einen kleinen Kranz formen und am Kopf fixieren.

Für den Kerzenhalter die Klemme am Christbaumkerzenhalter entfernen (dabei lösen sich die einzelnen Teile), den Pinienzapfen in der Mitte vorbohren und den Kerzenhalter mit dem Nagel befestigen.

Für alle Zapfen die Flügel laut Vorlage je 2-mal (1-mal gegengleich) auf die Strohseide übertragen. Zur Stabilisierung die Strohseide mit Transparentpapier hinterkleben. Die Flügel ausschneiden, jeweils eine Feder aufkleben und zwischen die Schuppen der Zapfen stecken.

 Tipp

In der gleichen Weise können Sie auch aus Kiefernzapfen kleinere Engel herstellen. Dafür die Vorlage für die Flügel verkleinern und als Kopf eine Kugel mit 2 cm Durchmesser verwenden.

Kantholz- und Baumstammengel

MATERIAL
- Kantholz, 8 x 8 cm, 23 cm lang
- Kantholz, 5,5 x 5,5 cm, 18 cm lang
- Baumstämme, 29 und 36 cm lang, ø 8 cm
- Metallkerzenhalter mit Dorn, silber, ø 6 cm
- 3 weiße Kugelkerzen, ø 7 cm
- 1 silberne Kugelkerze, ø 6 cm
- Sperrholz, 8 mm stark, 25 x 35 cm
- Draht, 2 mm stark, 65 cm
- Spitzenborte in Flieder, 4 cm breit, 70 cm
- Schleifenband in Silber, 1 cm breit, 60 cm
- 1 Metallputzschwamm

HILFSMITTEL
- Dekupiersäge
- Zange
- Schleifpapier
- Bohrer, ø 2 mm und ø 2,5 mm
- Heißklebepistole

VORLAGEN 13a–b, Seite 59

In die Kanthölzer und Baumstämme oben mittig je 1 Loch mit ø 2,5 mm bohren.

Für die Flügel Schablonen herstellen und je 2-mal (1-mal gegengleich) auf das Sperrholz aufzeichnen. Alle Teile aussägen und die Kanten mit Schleifpapier glätten. Die Bohrungen laut Vorlage mit einem Bohrer von ø 2 mm vornehmen. Je Flügel zwei 4 cm lange Stücke vom dicken Draht abzwicken und in die Löcher stecken. Die Flügel seitlich an die Kanthölzer bzw. Baumstämme halten und mit den abstehenden Drahtenden die Bohrlöcher auf der gewünschten Höhe markieren. Diese auch mit einem Bohrer von ø 2 mm bohren und die Flügel in die Kanthölzer und Baumstämme stecken.

Die Kerzenhalter in die Bohrungen an der Oberseite einsetzen und die Kugelkerzen aufstecken. Zur Dekoration um die Kanthölzer eine Spitzenborte oder einen Gürtel aus aufgezogenem Metallputzschwamm kleben. Den Baumstammengel mit einem silbernem Schleifenband verzieren.

Seit mich mein Engel nicht mehr bewacht,

kann er frei seine Flügel entfalten

und die Stille der Sterne durchspalten, –

denn er muss meiner einsamen Nacht

nicht mehr ängstlichen Hände halten –

seit mich mein Engel nicht mehr bewacht.

RAINER MARIA RILKE

Stehende Spitzenengel

Zur Vorbereitung das Rundholz in die Glasflasche stellen und ein Stück Alufolie um Rundholzspitze und Flaschenhals wickeln.

In einem Wasserglas einige Kleckse Leim mit etwas Wasser anrühren und das Spitzenornament vollständig einweichen. Das Spitzenornament leicht ausdrücken, die Mitte über die Rundholzspitze legen und die Seiten ringsherum leicht nach unten ziehen. Über Nacht trocknen lassen.

Das Stickgarn mehrmals um 3–4 Finger einer Hand wickeln, mit einem Faden in der Mitte zusammenbinden und die Schlaufen aufschneiden. Das Bündel als Haare auf die Holzkugel kleben und zur Frisur zurechtschneiden. Mit Filzstift das Gesicht malen.

Ein Stück Goldkordel durch die oberen Maschen des Spitzenornamentes ziehen und zur Schleife binden. Den Kopf aufkleben und ein Stück Goldkordel als Heiligenschein fixieren.

Die Flügel laut Vorlage aus Transparentpapier schneiden und am Rücken anbringen.

Warum können Engel fliegen?

Weil sie sich leicht nehmen.

GILBERT KEITH CHESTERTON

MATERIAL
für 1 Engel:
- Spitzenornament (aus Baumwolle) in Weiß, ø 9,5 cm
- Holzkugel in Natur, ø 2 cm
- Stickgarn in Weiß
- Goldkordel, ø 0,8 mm
- Transparentpapier in Creme, gemustert
- Filzstift in Schwarz

HILFSMITTEL
- Leere Glasflasche
- Rundholz, ø 6 mm, 2 cm länger als die Flaschenhöhe
- Alufolie
- Holzleim

VORLAGE 14, Seite 58

Gestickte Karten

Die Engel

Sie haben alle müde Münde
und helle Seelen ohne Saum.
Und eine Sehnsucht (wie nach Sünde)
geht ihnen manchmal durch den Traum.

Fast gleichen sie einander alle;
in Gottes Gärten schweigen sie,
wie viele, viele Intervalle
in seiner Macht und Melodie.

Nur wenn sie ihre Flügel breiten,
sind sie die Wecker eines Winds:
als ginge Gott mit seinen weiten
Bildhauerhänden durch die Seiten
im dunklen Buch des Anbeginns.

Rainer Maria Rilke

MATERIAL
- Tonkarton gemustert, 11 x 17 cm
- Maulbeerbaum-Papier in Weiß, Rot und Blau, je 6,5 x 8 cm
- Tonpapier in Gelb
- Stickgarn in Weiß, Gelb, Hautfarben, Rosa, Hellgrün und Türkis
- Satinband in Pink, Hellgrün und Türkis, 4 mm breit, je ca. 30 cm

HILFSMITTEL
- Filzrest
- Lochzange
- Stopfnadel
- Sternen-Motivstanzer, 10–15 mm
- Bastelkleber

VORLAGE 15, Seite 59

Die Vorlage für den Engel mittig auf das Maulbeerbaum-Papier legen, den Filzrest unterschieben und alle Eckpunkte der zu stickenden Quadrate mit der Stopfnadel vorstechen.

Den Engel laut Vorlage im Kreuzstich auf das Papier sticken, die Füße mit einem halben Kreuzstich arbeiten.

Den Tonkarton in der Mitte falten und das Maulbeerbaum-Papier auf die Vorderseite kleben. In die obere Ecke der Karte ein Loch stanzen, das Satinband durchziehen und die Enden miteinander verknoten.

Engelsflügel mit Anis

Vorbereiten: Backblech fetten und mit Backpapier belegen. Backofen vorheizen: Ober-/Unterhitze: etwa 180 °C, Heißluft: etwa 160°C.

Teig: Mehl in einer Rührschüssel mit Backin mischen. Übrige Zutaten zufügen und alles mit einem Mixer (Rührstäbe) kurz auf niedrigster, dann auf höchster Stufe 2 Min. zu einem glatten Teig verarbeiten. Teig in einen Spritzbeutel mit Lochtülle (ø 8–10 mm) füllen. Jeweils 2 geschwungene „S" direkt nebeneinander, eins davon spiegelverkehrt, auf das Backpapier spritzen, so dass ein Flügelpärchen entsteht. Das Backblech auf mittlerer Einschubleiste in den Backofen schieben, Backzeit: etwa 11 Min.
Plätzchen mit Backpapier auf einen Kuchenrost ziehen und erkalten lassen.

Verzieren: Von der Schokolade 3 Esslöffel Schokolade raspeln und beiseite stellen. Übrige Schokolade zerkleinern, in einen Gefrierbeutel geben, verschließen und im Wasserbad schmelzen. Plätzchen mit der Schokolade besprenkeln und die Schokoraspeln aufstreuen.

Tipps aus der Versuchsküche

- Wenn Sie keinen Spritzbeutel haben, können Sie den Teig in einen Gefrierbeutel geben, eine kleine Ecke abschneiden und die Flügel aufspritzen.
- In gut schließenden Dosen kann man die Kekse etwa 3 Wochen aufbewahren.

Ergibt etwa 60 Stück.

FÜR DAS BACKBLECH
- etwas Fett
- Backpapier

FÜR DEN TEIG
- 250 g Weizenmehl
- 1 Msp. Dr. Oetker Original Backin
- 100 g Puderzucker
- 1 Pck. Dr. Oetker Vanillin-Zucker
- 1 Pck. Dr. Oetker Finesse
- geriebene Zitronenschale
- 1 Pr. Salz
- 1 gestr. TL gemahlener Anis
- 125 g weiche Butter oder Margarine
- 2 Eier (Größe M)

AUSSERDEM
- 100 g weiße Schokolade

Fliegende Engel

MATERIAL
für 1 Engel:
- Leimholz, 18 mm stark, 10 x 12 cm
- gerader Ast, ø 9 mm, 10 cm
- Alublech, 5 x 12 cm
- je 2 Holzperlen in Natur, ø 8 mm und ø 10 mm
- 1 Metallputzschwamm
- Silberdraht: ø 0,3 mm
- Papierdraht, ø 2 mm
- Wickeldraht, ø 0,65 mm
- Acrylfarbe in Weiß
- Nylonfaden

HILFSMITTEL
- Dekupiersäge
- Zange
- alte Schere
- Schleifpapier
- Bohrer, ø 10 mm und ø 1,5 mm
- Pinsel
- Heißklebepistole
- Tacker

VORLAGEN 16a–b, Seite 60

Den Engelskörper laut Vorlage auf Leimholz und die Flügel auf Alublech aufzeichnen und aussägen bzw. mit einer alten Schere ausschneiden. Die Kanten jeweils mit Schleifpapier glätten bzw. entgraden. Die Löcher für die Füße und Hände mit ø 1,5 mm bohren. Das Loch zum Durchstecken der Arme mit ø 10 mm bohren. Den Körper weiß bemalen und trocknen lassen.

Das 10 cm lange Aststück mittig in das Armloch einkleben. Durch die Holzperlen je 1 kurzes Stück Wickeldraht stecken, die Enden verdrehen und bei 1,5 cm Länge abzwicken. Diese in die Hand- und Fußbohrungen kleben.

Den Metallputzschwamm auseinanderziehen und einen Teil davon zu einer Kugel mit ca. ø 3,5 cm rollen, anschließend mit Silberdraht umwickeln und mit Heißkleber am Hals befestigen. Aus dem Papierdraht einen Ring mit ø 3,5 cm biegen, die Enden verdrehen und bei 2 cm abzwicken. Dieses Ende am Kopf einstecken (evtl. mit einem Holzstäbchen vorstechen). Die Alublechflügel an der Markierung entlang einer Tischkante leicht knicken und mit dem Tacker am Rücken befestigen. Aus Nylonschnur eine lange Schlaufe binden und eine Seite an den Armen, die andere Seite an den Füßen einhängen. Jetzt kann der Engel in der gewünschten Position aufgehängt werden.

Astscheiben engel

MATERIAL
für beide Engel:
- Draht, ø 2 mm
- Wickeldraht geglüht, ø 0,65 mm
- Papierdraht, ø 0,6 mm
- Baumwollgarn in Weiß

Großer Engel:
- 1 Astscheibe, 2,5 cm stark, ø 4 cm (Sockel)
- 1 Astscheibe, 1,5 cm stark ø 5 cm (Körper)
- 1 Astscheibe, 1 cm stark, ø 2,5 cm (Kopf)

Kleiner Engel:
- 1 Astscheibe, 1,5 cm stark, ø 2,5 cm (Sockel)
- 1 Astscheibe, 0,5 cm stark, ø 3,5 cm (Körper)
- 1 Astscheibe, 0,5 cm stark, ø 1,5 cm (Kopf)

HILFSMITTEL
- Schleifpapier
- Bohrer, ø 1,5 mm und ø 2 mm
- spitze Zange
- Dekupiersäge

VORLAGEN 17a–b, Seite 57

Die Astscheibe für den Körper laut Vorlage in 3 Teile sägen. Die Löcher für den Körper und für die Arme mit ø 1,5 mm bohren. In die Mitte des Sockels, seitlich in die kleine Astscheibe und am Körper für den Hals je 1 Loch mit ø 2 mm bohren. Die Schnittkanten der Arme nach oben drehen, ein Stück Wickeldraht durch Arme und Körper stecken und die Enden mit einer spitzen Zange eindrehen. Ein kurzes Stück vom dicken Draht am Hals einstecken und den Kopf aufsetzen. Mit einem 3 cm (bzw. 4 cm beim großen Engel) langem Draht den Engel auf den Sockel setzen.

Aus Papier- oder Wickeldraht eine „doppelte 8" biegen, die Enden je 1-mal um die Kreuzungsstelle wickeln und knapp abzwicken. Durch die Flügelschlaufen von hinten nach vorne einen Baumwollfaden ziehen und um den Hals zur Schleife binden.

Papierspitzen engel

MATERIAL
für 1 Engel:
- Papierspitze (Decoretten) in Weiß, ø 13 cm
- Holzperle in Weiß, ø 8 mm
- Holzkugel in Natur, ø 2 cm
- Aludraht in Silber, ø 2 mm
- Silberkordel, ø 0,8 mm

HILFSMITTEL
- Stopfnadel
- Bastelkleber

VORLAGEN 18a–b, Seite 61

Die Papierspitze zum Halbkreis falten und laut Vorlage 18a einschneiden. Die Papierspitze auseinanderfalten und die Ärmel laut Vorlage umknicken. Die Seiten des Kleides knapp überlappend zusammenkleben, ebenfalls die Ärmel an den Enden mit einem Tropfen Kleber schließen.

Ein ca. 10 cm langes Stück Kordel in die Nadel fädeln, doppelt legen und die Enden miteinander verknoten. Die weiße Perle auffädeln. Die Kordel von unten durch das Kleid ziehen und die Holzkugel als Kopf auffädeln. Die Schlaufe aufschneiden, die Nadel entnehmen und die Enden miteinander verknoten.

Aus Aludraht einen Heiligenschein laut Vorlage 18b formen, die Enden in die Bohrung der Holzkugel kleben und die Rundung leicht nach vorne biegen.

Lichter engel

MATERIAL
- Tonkarton in Hautfarben, Gelb und Braun
- Transparentpapier in Silber, gemustert
- Tonkarton in verschiedenen Farben, gemustert
- Strohseide in Weiß
- Filzstift in Schwarz
- 1 Teelicht (pro Engel)

HILFSMITTEL
- Sternen-Motivstanzer, 20–25 mm
- Bastelkleber

VORLAGEN 19a–d, Seite 61, und 21a, Seite 57

Die Körper laut Vorlage 19a aus Transparentpapier zuschneiden und an den geraden Kanten leicht überlappend zusammenkleben. Die Ärmel laut Vorlage 19b aus farbig gemustertem Tonkarton ausschneiden und auf den Körper kleben.

Die Köpfe und Haare laut Vorlagen 19c und 19d aus Tonkarton arbeiten, die Haarteile mit dem Cutter einschneiden, die Köpfe einschieben und fixieren. Die Gesichter mit dem Filzstift malen und die Köpfe an der Körperrückseite befestigen.

Die Flügel laut Vorlage 21a aus der Strohseide ausschneiden und auf den Körper kleben. Aus gelbem Tonkarton Sterne mit dem Motivstanzer ausstanzen und vorne auf den Ärmeln festkleben. Die Teelichte mittig unter die Körper der Engel stellen.

Achtung: Aus Sicherheitsgründen die Teelichte am besten in einem Teelichtglas unter die Engel stellen oder LED-Teelichte verwenden.

Sei deiner Welt, soviel du kannst, ein Engel
So wird sie dir, trotz dem Gefühl der Mängel,
So viel sie kann, dafür ein Himmel sein.

Christoph August Tiedge

Cupcakes-Engel

Vorbereiten: Für den Teig Schokolade grob zerkleinern und im Wasserbad bei schwacher Hitze schmelzen, etwas abkühlen lassen. 12 Papierbackförmchen in die Muffinform stellen. Backofen vorheizen: Ober-/Unterhitze: etwa 180 °C, Heißluft: etwa 160 °C.

Rührteig: Butter oder Margarine in einer Rührschüssel mit einem Mixer (Rührstäbe) geschmeidig rühren. Nach und nach flüssige Schokolade, Zucker und Vanillin-Zucker unter Rühren hinzufügen, bis eine gebundene Masse entsteht. Finesse unterrühren. Jedes Ei etwa ½ Min. auf höchster Stufe unterrühren. Mehl mit Backin mischen und abwechselnd mit der Milch unterrühren. Teig gleichmäßig in die Papierbackförmchen füllen. Form auf dem Rost in den Backofen schieben: mittlerer Einschub, Backzeit: etwa 25 Minuten.
Muffins in den Papierförmchen aus der Muffinform lösen und auf einem Kuchenrost erkalten lassen.

Creme: Sahne mit Zucker, Vanillin-Zucker und Sahnesteif steif schlagen. Mascarpone mit Preiselbeerkonfitüre und Zitronensaft verrühren. Die Sahne unterheben. Einen kleinen Deckel von jedem Muffin abschneiden und für die Flügel halbieren. Die Creme in einen Spritzbeutel mit Lochtülle (ø 13 mm) füllen. Bis auf etwa 2 EL die Creme auf die Muffins spritzen (siehe Bild).

Verzieren: Zuerst die Flügel in die Creme stecken, dann die restliche Creme als „Haar" auf jede Trüffelpraline spritzen und vor die Flügel setzen. Mit den Silberperlen verzieren.

Ergibt etwa 12 Stück.

FÜR DIE MUFFINFORM (12er)
- 12 Papierbackförmchen (ø 5 cm)

FÜR DEN RÜHRTEIG
- 100 g Zartbitterschokolade
- 150 g weiche Butter oder Margarine
- 130 g Zucker
- 1 Pck. Dr. Oetker Vanillin-Zucker
- 3 Eier (Größe M)
- 1 Pck. Dr. Oetker Finesse Weihnachts-Aroma
- 170 g Weizenmehl
- 1 gestr. TL Dr. Oetker Original Backin
- 4 EL Milch

FÜR DIE CREME
- 200 g kalte Schlagsahne
- 1 EL Zucker
- 1 Pck. Dr. Oetker Vanillin-Zucker
- 1 Pck. Dr. Oetker Sahnesteif
- 250 g Mascarpone (ital. Frischkäse)
- 2 geh. EL Preiselbeerkonfitüre
- 1 TL Zitronensaft

ZUM VERZIEREN
- 12 helle Trüffel-Pralinen
- einige Silberperlen

Engels girlande

Die Flügel und Sterne auf das Alublech übertragen, mit einer alten Schere ausschneiden und mit Schleifpapier entgraden. Die Löcher laut Vorlage mit ø 1,5 mm bohren.

Je Engel 4 Aststücke von 10 cm und 1 Aststück von 12 cm Länge zuschneiden. Alle Aststücke unten bei 1 cm Höhe quer durchbohren, die kurzen Äste zusätzlich oben bei 0,5 cm durchbohren.

Einen Wickeldraht durch die unteren Bohrlöcher fädeln, dabei jeweils 1 Wachsperle zwischen den Ästen einfädeln. Die Drahtenden mit einer Zange einrollen. Oben nur die kurzen Aststücke einfädeln, das lange Aststück liegt hinten, beide Drahtenden um das längere Aststück herum hinten zusammendrehen, dann bei 1,5 cm Länge abzwicken. Das verdrehte Drahtende durch die obere Bohrung in der Mitte der Flügel stecken und umbiegen. Mit einem kurzen Stück Draht den mittleren Ast und die Flügel unten verbinden. Die große Holzkugel auf das längere Aststück setzen und festkleben. Den Heiligenschein aus Aludraht biegen und zusammen mit Filzwolle in das Loch der Kugel einkleben. Die Wachsperlen zu einer Halskette auffädeln und dem Engel umbinden. Auf diese Weise alle Engel herstellen.

Am Rand der Astscheiben 3 Löcher mit ø 1,5 mm bohren. Die vorbereiteten Sterne und je 1 weiße Holzperle mit Silberdraht am unteren Loch befestigen.

Alle Teile, wie auf dem Bild zu sehen, mit Wickeldraht verbinden und dabei Spiralen in den Draht drehen.

MATERIAL
- gerade Äste, ø 1 cm (insgesamt 160 cm lang)
- 2 Astscheiben, ø 3,5 cm
- Alublech, 15 x 25 cm
- 3 Holzperlen in Natur, ø 35 mm
- 50 Wachsperlen in Hellblau, ø 8 mm
- 2 Holzperlen in Weiß, ø 8 mm
- Aludraht, ø 1 mm
- Wickeldraht, ø 0,65 mm
- Filzwolle in Natur
- Silberdraht, ø 0,3 mm

HILFSMITTEL
- alte Schere
- kleine Säge
- Schleifpapier
- Zange
- Heißklebepistole
- Bohrer, ø 1,5 mm

VORLAGEN 20a–b, Seite 60

Tüten engel

MATERIAL
· Geschenkpapier, gemustert
· Maulbeerbaum-Papier in Weiß
· Silberdraht, ø 0,3 mm
· Kapseln vom Amberbaum
· Rundkopfklammern in Gold, ø 5 mm

HILFSMITTEL
· Lochzange
· Bastelkleber

VORLAGEN 21a–b, Seite 57

Den Flügel laut Vorlage 21a aus dem Maulbeerbaum-Papier, den Körper laut Vorlage 21b aus Geschenkpapier ausschneiden. Die Faltlinien knicken und die Seiten der Tüten an den Klebeflächen zusammenkleben.

Vorder- und Rückseite der Tüte an der oberen Öffnung zusammenlegen, dabei die dazwischen liegenden Seiten zur Mitte hin einschieben. Den Flügel laut Markierung an der Oberkante der Tüte ausrichten und mit der Lochzange durch alle Papierlagen ein Loch stanzen.

Die Tüte bei Bedarf füllen und mit der Rundkopfklammer verschließen, dabei auch die Flügel befestigen. Den Draht um die Amberbaumkapsel winden, die Enden miteinander verdrehen und in der Tütenöffnung fixieren.

Alublech engel

MATERIAL
für 1 Engel:
- Makramee-Perle in Natur, ø 20 mm, Loch ø 6 mm
- Alublech, 6 x 6 cm
- 1 Astscheibe, 0,5 cm stark, ø 3,5 cm
- 2 Astscheiben, 0,3 cm stark, ø 1 cm
- Juteschnur
- Metallputzschwamm
- Filzwolle in Rot, Hellbraun und Dunkelbraun

HILFSMITTEL
- alte Schere
- Dekupiersäge
- Schleifpapier
- Kraftkleber
- Bohrer, ø 2 mm

VORLAGE 22, Seite 61

Wenn kleine Engel schlafen gehn,

dann kann man das am Himmel sehn,

für jeden leuchtet dann ein Stern,

und deinen sehe ich besonders gern.

UNBEKANNT

Ein Kreisviertel laut Vorlage auf das Alublech aufzeichnen und mit einer alten Schere ausschneiden. Die Kanten mit Schleifpapier entgraden. Die Astscheibe halbieren und in der Mitte der Sägekante ein Loch von ø 2 mm bohren. Das Alublech laut Vorlage ebenfalls mit einem Bohrer von ø 2 mm durchbohren. Ein Stück Juteschnur durch die halbierte Astscheibe und das Alublech fädeln. Die beiden Fäden zusammenlegen und durch die Holzperle ziehen, dann die Fadenenden verknoten.

Die kleinen Astscheiben vorne (als Hände) und die halbe Flügelastscheibe mit Kraftkleber an der Rückseite des Alublechs befestigen und trocknen lassen. Zuletzt in das obere Loch der Holzperle etwas Filzwolle oder einige Fäden des aufgezogenen Metallputzschwamms kleben.

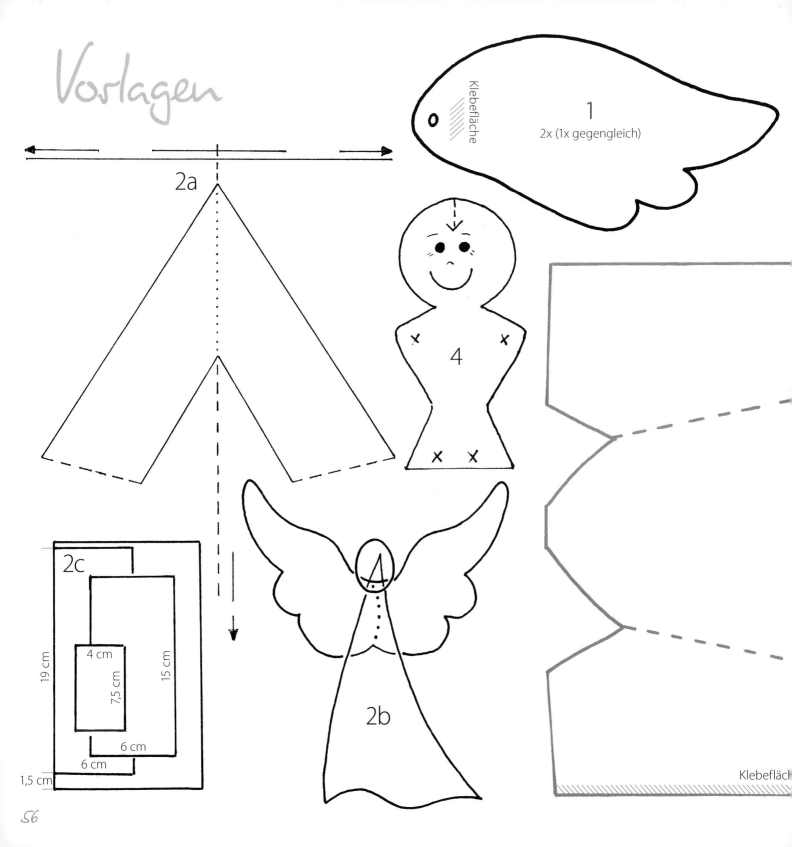

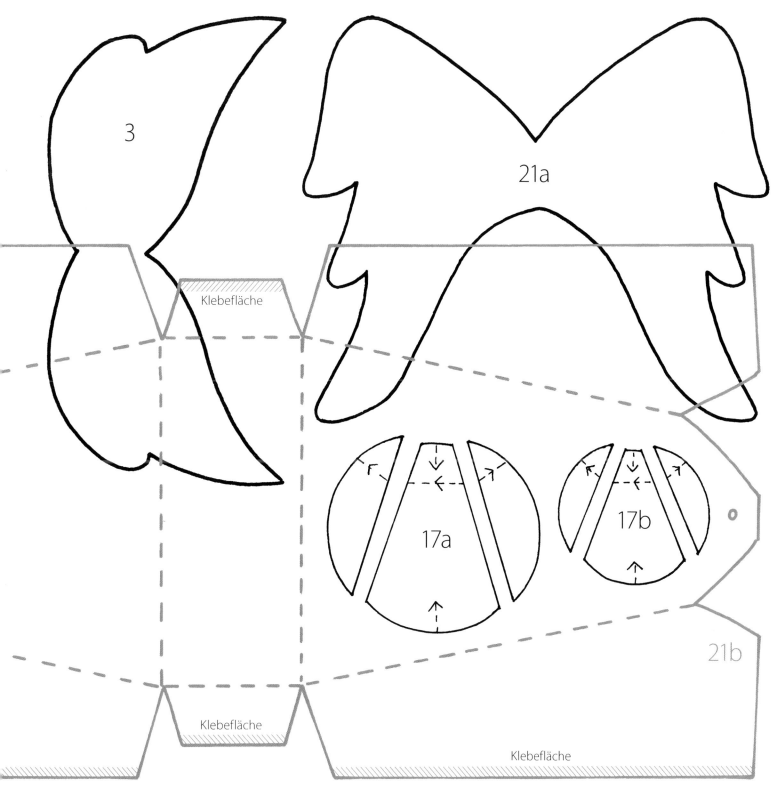

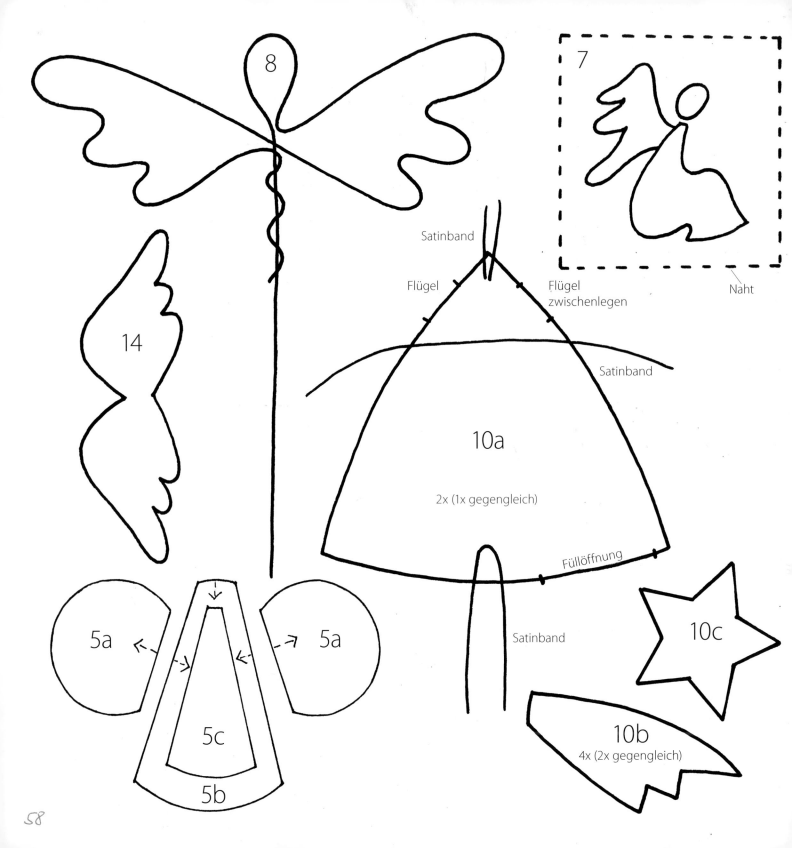

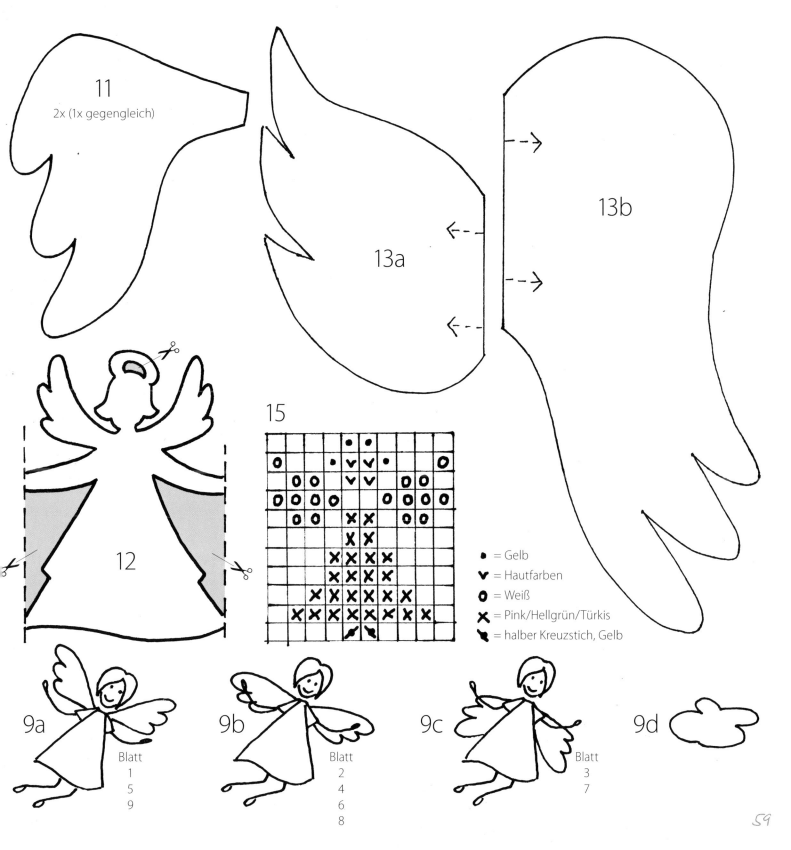

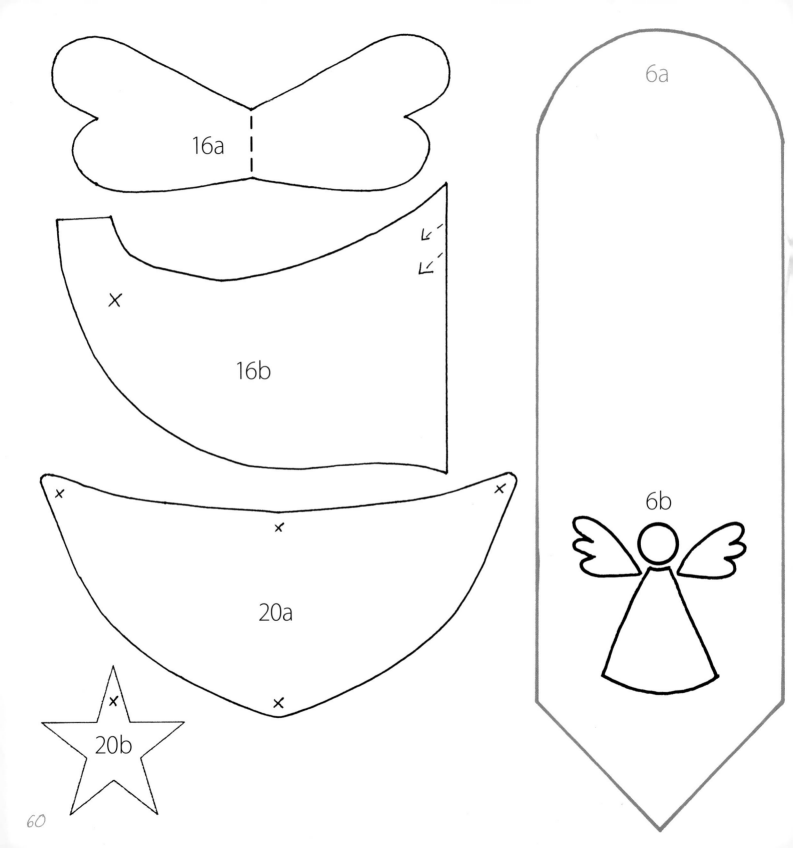

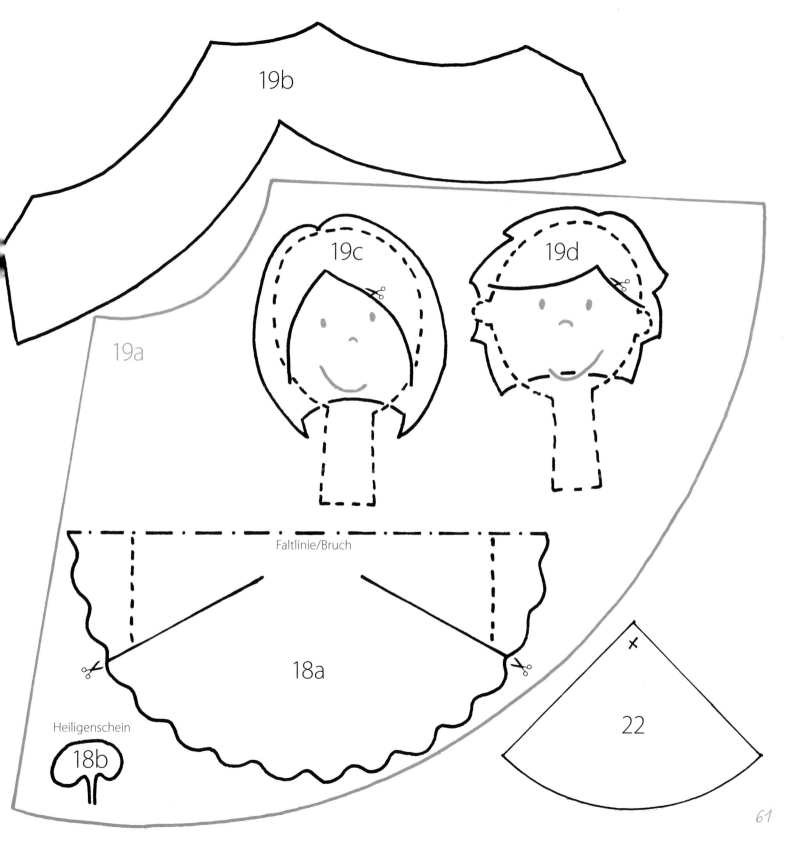

Impressum

Entwürfe und Realisation:
Gerlinde Auenhammer, Seiten 8, 14/15, 22/23, 34/35, 42–44, 50/51, 54/55
Marion Dawidowski, Seiten 6–13, 19–21, 24–32, 36–39, 45–47, 52/53

Redaktion:
Franziska Schlesinger, Astrid Spüler

Lektorat:
Claudia Schmidt

Fotografie:
Uwe Stratmann, Seiten 6–8, 12–15, 18–23, 25–31, 34–39, 42–47, 50–55
Roland Krieg, Seiten 10/11, 23
Uli Glasemann, Seite 32
Dr. Oetker, Seiten 16/17, 40/41, 48/49

Gesamtgestaltung:
GrafikwerkFreiburg

Reproduktion:
Meyle + Müller GmbH & Co. KG, Pforzheim

Druck & Verarbeitung:
DEAPRINTING, Novara (Italien)

ISBN 978-3-8388-3536-5
Art-Nr. CV3536

© 2014 Christophorus Verlag GmbH & Co. KG, Freiburg
Alle Rechte vorbehalten

Alle gezeigten Modelle, Illustrationen und Fotos sind urheberrechtlich geschützt. Jede gewerbliche Nutzung ist untersagt. Dies gilt auch für eine Vervielfältigung bzw. Verbreitung über elektronische Medien.
Autorinnen und Verlag haben alle Angaben und Anleitungen mit größtmöglicher Sorgfalt zusammengestellt. Dennoch kann bei Fehlern keinerlei Haftung für direkte oder indirekte Folgen übernommen werden. Der Verlag übernimmt keine Gewähr und keine Haftung für die Verfügbarkeit der gezeigten Materialien.

Wir danken der Dr. August Oetker Nahrungsmittel KG für die freundliche Bereitstellung der Rezepte und Rezeptfotos.

Herstellerverzeichnis
Efco, Hobbygross Erler GmbH
Heyda, Baier & Schneider GmbH & Co. KG
Rayher Hobby GmbH

Kreativ-Service

Sie haben Fragen zu den Büchern und Materialien? Frau Erika Noll ist für Sie da und berät Sie rund um alle Kreativthemen. Rufen Sie an! Wir interessieren uns auch für Ihre eigenen Ideen und Anregungen. Sie erreichen Frau Noll per E-Mail: mail@kreativ-service.info oder Tel.: +49 (0) 5052 / 91 18 58 Montag bis Donnerstag: 9–17 Uhr / Freitag: 9–13 Uhr

Besuchen Sie uns im Internet: www.christophorus-verlag.de